AF310095

COMPAGNIE LYONNAISE

DE

GLACE HYGIÉNIQUE

Société Anonyme au Capital de 1.500.000 Francs

———

Siège Social : Chemin Sautin

VILLEURBANNE

———

Monsieur,

Nous sommes informés qu'une note confidentielle est envoyée aux Actionnaires, contenant contre le Conseil d'administration les accusations les plus mensongères et ne portant d'ailleurs d'autre signature que celle d'un Comité anonyme.

Votre Conseil d'administration, comme vous l'avez vu à l'Assemblée dernière, a répondu sur tous les points aux attaques d'un groupe qui ne poursuit que des intérêts personnels. Pour ceux de Messieurs les Actionnaires *de bonne foi* qui n'assistaient pas à l'Assemblée du 26 décembre, il doit de nouveau mettre en regard les attaques et les réponses.

2

ATTAQUES

I

Il demeure absolument acquis : que ce n'est pas contre le Conseil d'administration, mais bien contre la Direction et contre le Président du Conseil que sont dirigés nos griefs ; les efforts intéressés de ce dernier pour entretenir à cet égard une méprise voulue ne peuvent tromper personne.

II

Il demeure définitivement acquis : que le Directeur de notre Société, choisi et maintenu par M. le Président du Conseil, a été d'une lamentable insuffisance ;

Que c'est grâce à cette insuffisance qu'on a pu assister à un gaspillage de charbon sans exemple dans une usine ;

Que c'est par les soins du Directeur que des marchés incohérents ont été passés avec certains clients ;

On a vu ainsi notre Directeur (notamment à **Bourgoin** et à **Dijon**), alimenter lui-même à prix réduits des concurrents de notre Société, au risque de léser gravement nos intérêts, de nous créer des difficultés avec nos clients ou représentants et de compromettre l'écoulement de nos produits ;

C'est encore par les soins de notre Directeur encouragé à cet égard par M. le Président du Conseil, que certaines modifications déplorables ont été opérées dans le personnel, modifications dont le résultat le plus immédiat a été de nous aliéner la presque totalité de nos meilleurs clients (bouchers, limonadiers, etc.), sur le point aujourd'hui de nous abandonner.

On pourrait, hélas, multiplier les exemples.

RÉPONSES

I

Monsieur le Vice-Président du Conseil a affirmé, à la dernière Assemblée, la solidarité de tous ses membres. Le Président du Conseil n'a pas le droit de revendiquer pour lui seul les heureux résultats de l'exercice C'est le Conseil tout entier, et non son Président seul, qui a géré les intérêts de la Société et a rempli tous les devoirs que lui imposait son mandat. Quant au Directeur, le Conseil n'a qu'à se féliciter de la manière dont il a exercé ses fonctions au milieu des difficultés de tout genre créées par une campagne de dénigrement et de calomnies sans exemple.

II

Comment pouvez-vous dire, Messieurs du Comité anonyme, qu'il demeure définitivement acquis que le Directeur de notre Société a été d'une lamentable insuffisance, alors que vous n'avez apporté à l'Assemblée qui devait le confondre, que des accusations grotesques, comme celle d'avoir renvoyé un chauffeur (ivrogne d'ailleurs, mais protégé par un Administrateur), et d'avoir commis deux erreurs (dont on avait la preuve!) dans des pesées de wagons?

Il demeure, au contraire, acquis qu'aucune des accusations formulées contre le Directeur n'a pu tenir debout et que tous les accidents qui ont signalé la période des débuts ne sont pas de son fait, mais proviennent de la négligence de la Maison qui a monté nos machines. Ainsi, la grande faute de la Direction serait un « gaspillage de charbon sans exemple dans une usine ». — Si le Directeur a, au vu et au su du Conseil, non pas gaspillé mais consommé beaucoup de charbon, c'est que, par suite des fuites d'ammoniaque imputables à la Maison Imbert, nous avons dû maintenir pendant des semaines — et jour et nuit — nos chaudières à haute pression et, encore pour arriver, à avoir strictement la quantité de glace nécessaire pour exécuter nos engagements — en ville.

Si notre Directeur n'a pu exécuter les marchés pris au dehors, marchés passés avec l'autorisation du Conseil, c'est que notre production normale de 120 tonnes par jour était tombée à 20 tonnes.

Tous ces marchés ont été habilement résiliés par lui, sans procès, et avec des indemnités insignifiantes.

Messieurs les Actionnaires peuvent faire cette simple réflexion que la Maison Imbert n'eût pas donné 60.000 francs d'indemnité si le fonctionnement de ses machines eût été régulier.

Le Directeur a, en effet, renvoyé, sur les instructions du Conseil, le sous-Directeur et un employé criblé de dettes, imposés l'un et l'autre par un Administrateur démissionnaire. La conduite ultérieure de ces deux employés montre que leur renvoi était plus que justifié.

Vous dites que nos meilleurs clients sont sur le point de nous abandonner. — Quelques-uns d'entre vous, Messieurs, ont en effet essayé leur travail de désorganisation jusque dans la clientèle. Mais, nous pouvons dire ici que pas un client ne nous a quittés et que de nouveaux contrats, grâce aux efforts de la Direction, sont signés chaque jour.

Si les attaques contre la Direction eussent été fondées, comment se fait-il que ni l'un ni l'autre des Administrateurs démissionnaires, qui ont paru les approuver à la dernière Assemblée générale, n'en aient jamais saisi le Conseil ? C'est donc que la campagne contre la Direction n'était pas motivée par l'intérêt de la Société, mais qu'elle a été un simple prétexte derrière lequel s'abritaient des visées personnelles.

ATTAQUES

III

Il demeure définitivement acquis que M. le Président du Conseil a assumé toute la responsabilité des graves erreurs de comptabilité relevées dans notre Société par M. Edom, expert-comptable et signalées à votre Assemblée générale. Le satisfecit délivré à cet égard à M. Gignoux par M. Tricaud, notre commissaire (associé de la Maison Gignoux !) ne peut suffire à nous rassurer en présence de l' crasante précision des déclarations de M. Edom.

RÉPONSES

III

M. le Président du Conseil n'avait pas à s'occuper lui-même de la comptabilité, mais il devait s'assurer que ce service — le plus important de tous — fût, dès le premier jour, organisé. C'est ce qu'il a fait et il est prêt à en assumer toute la responsabilité.

Poussé par je ne sais quelle aberration, M. Edom, employé de la Société à titre de comptable ambulant, a osé venir à l'Assemblée énoncer publiquement les affirmations les plus inexactes. Il a dit notamment que, avant son entrée à la maison, le 16 septembre 1898, il n'y avait eu aucune comptabilité régulière et que, si la Société eût dû être liquidée avec un passif, elle aurait été mise en banqueroute.

Vous prétendez mettre en suspicion le rapport de M. Tricaud, notre Commissaire des comptes, qui établit le contraire; mettrez-vous aussi en suspicion le rapport de M. Poy, ancien sous-chef de comptabilité au *Crédit Lyonnais*, et le rapport de M. Servière, expert comptable, administrateur délégué du *Salut Public*? (Pièces annexes n°s 1, 2 et 3.)

Comment avez-vous pu, Messieurs du Comité anonyme, pousser un employé de la Compagnie, actionnaire pour la circonstance, à manquer aussi gravement à la vérité et au plus simple devoir professionnel?

Les armes que vous aviez contre le Conseil étaient donc bien faibles que vous avez dû vous servir — avec répugnance, je l'espère — de pareils moyens?

Le lendemain de l'Assemblée, M. Edom a été révoqué et poursuivi devant les tribunaux. Nous devions au bon renom de la Compagnie de prendre cette mesure.

ATTAQUES

IV

Il demeure acquis également que par les soins de M. le Président du Conseil sa Société de l'Exploration Lyonnaise a encaissé, sur la constitution de la Société de Glace d'Alger, 100.000 francs *pour études, recherches, plans, devis et négociations (sic)*, ci . . . . 100,000 fr.

Et que par ses soins encore, M. Joseph Gignoux, son frère, a encaissé, sur la constitution de la Compagnie parisienne de Glace 250.000 francs *pour études, recherches, plans, devis et négociations (sic)*, ci . . . 250.000 fr.

Outre et non compris une commission de 90.000 francs perçue par M. Gignoux, au nom de l'Exploration, sur la constitution de notre Société.

Voilà donc en quelques mois les profits réalisés par M. Gignoux et ses satellites financiers pendant que l'on délibère si on nous jettera en pâture un maigre dividende !

Retenant l'aveu de M. le Président du Conseil que les plans et devis ont été fournis gratuitement par la Maison Lavergne, et qu'à cet égard les statuts des deux Sociétés précités contiennent, vis à vis des Actionnaires, une énonciation totalement inexacte, on se demande ce qui reste à ces apporteurs en nature pour justifier cette rémunération de 350.000 francs.

Par contre, nous voyons clairement que M. Gignoux, président de notre Conseil d'administration, opérant à Alger sous le nom de l'Exploration Lyonnaise, et à Paris sous le nom de son frère, a puisé dans notre Société tous les éléments qui constituent cet apport de 350.000 francs.

C'est dans notre usine qu'il a pu surveiller les études et tâtonnements coûteux qui ont abouti à l'établissement de notre prix de revient, cet élément essentiel de toute nouvelle création similaire (voir à ce sujet sa circulaire du 11 juillet 1898) ;

C'est dans notre usine qu'un personnel étranger, sur l'ordre de M. Gignoux, est venu étudier le fonctionnement de nos machines, l'organisation de nos services, les détails d'installation, la fabrication de nos articles qui ne peut être réussie qu'au prix d'une longue expérience.

Notre matériel a été photographié dans tous ses détails à six clichés différents grands modèles de 0.30 centimètres.

C'est encore de notre usine qu'ont été expédiés, par ordre de M. Gignoux, à sa Compagnie parisienne de glace, les plus beaux échantillons de nos produits, destinés à hâter les souscriptions et à faciliter les marchés avec les consommateurs parisiens ;

Un seul envoi fait en septembre dernier représentait un poids de 1.700 kil., emballé avec des soins spéciaux, et encore le comptable installé par M. Gignoux avait-il oublié de le facturer ; il ne fut porté en compte que deux mois plus tard, sur les observations de M. Edom qui a payé de son renvoi une surveillance trop étroite de nos intérêts.

RÉPONSES

IV

Parmi les allégations qui figurent sous le § IV, une seule intéresse notre Société : celle qui concerne la commission de Banque prise par la Compagnie Lyonnaise d'Exploration et d'Etudes sur la constitution de la Société, soit 6 0/0 du montant ou 6 francs par action de cent francs.

Dans cette émission comme dans toute autre, le banquier qui garantit le capital aux fondateurs s'entend avec eux sur la commission légitime que comporte cette garantie. D'un commun accord entre M. Gignoux, administrateur délégué de la Compagnie Lyonnaise d'Exploration et d'Etudes, *agissant en cette qualité*, et les fondateurs (voir pièce annexe n° 4), cette commission a été fixée à 6 0/0 du capital. Ce taux de 6 0/0 a été trouvé d'autant plus modéré par les fondateurs que, dans les trois mois qui avaient précédé cet accord, ils avaient vainement cherché le capital nécessaire avec le concours d'un financier auquel ils avaient promis de donner 20 0/0 de commission et le poste de Directeur statutaire pendant dix ans avec 25.000 francs d'appointement.

Et ces mêmes fondateurs ne protestent pas quand un de leurs amis vient, en pleine Assemblée et en leur présence, qualifier d'usuraire la commission de 6 0/0 librement consentie !

Cette commission de 6 0/0 est en outre légitime, car une garantie de cette importance entraîne des risques qui doivent avoir leur compensation. *On a vu bien des banquiers compromis ou gênés longtemps par l'insuccès imprévu d'une émission garantie par eux.*

M. Gignoux proteste ici contre le mot de « satellites financiers » donné à ses collègues du Conseil d'administration de la Compagnie Lyonnaise d'Exploration et d'Etudes. Leur haute honorabilité est au dessus des attaques d'un Comité anonyme. Il suffit de les citer :

MM. Dambmann ✻, Président.
Vicomte de Bellescize ✻, Vice-Président.
C. Gignoux, Administrateur délégué.
J. Gignoux.
A. Valayer.
F. Flotard.
C. Cambefort.
C.-J. Prinsep.

SOCIÉTÉ DE LA GLACE D'ALGER

La Compagnie Lyonnaise d'Exploration et d'Etudes a, en effet, créé à Alger une Société destinée à fabriquer et à vendre la glace, sous le nom de *Compagnie Algérienne de Glace Hygiénique*.

Les deux Assemblées générales constitutives ont eu lieu le 29 juillet et le 8 août.

L'article 5 des statuts stipulait, au profit de la Société fondatrice, un apport de cent mille francs. Cet article 5 des statuts a été purement et simplement copié sur l'article 5 des statuts de la Compagnie Lyonnaise de Glace Hygiénique, sauf le chiffre des apports qui varie (pièces annexes, n° 5), et l'on a simplement suivi la rédaction vague et générale indiquée par la première sans ajouter à ce libellé la moindre importance.

Comment était motivé et justifié cet apport? Il n'y a qu'à se reporter à cet effet au rapport du Commissaire chargé de vérifier les apports du Fondateur (pièce annexe, n° 6).

« Votre fondateur apporte à la Société ses études, plans, devis et *ses diverses promesses de vente de terrains devant servir à l'établissement de votre usine aux environs de la ville d'Alger.*

« De l'examen des documents qui m'ont été communiqués, il résulte que la mission qui a été chargée de ces divers travaux et qui s'est rendue sur les lieux, est convaincue que les fabriques peu importantes de glace, actuellement établies en Algérie, ne pourront lutter avec une installation comme la vôtre et les machines perfectionnées, dont le Fondateur s'est assuré la propriété.

« Les prix de vente en Algérie, relevés avec soin par la mission d'études, et qui sont bien supérieurs à ceux pratiqués en France, offrent une marge considérable pour la vente de vos produits. »

Un exemple ici de la bonne foi de nos adversaires.

S'emparant du mot « plans » qui figure dans l'article 5, un orateur que nous ne nommerons pas, mais qui, par sa profession même, doit connaître la valeur des mots, est venu, en pleine Assemblée, accuser M. Gignoux d'avoir communiqué et vendu les plans de l'usine de Villeurbanne.

M. Gignoux a répondu qu'il n'avait pu vendre ces plans, ne les ayant jamais eus en sa possession, et que, du reste, ces plans n'avaient aucun intérêt pour la Compagnie algérienne de Glace hygiénique. Il a produit à l'appui une déclaration de M. Pétrod, l'ingénieur qui a dirigé les constructions de Villeurbanne, et une déclaration des ingénieurs de Paris (pièces annexes, nᵒˢ 7 et 8).

Et alors l'auteur du factum écrit : « Retenant *l'aveu* du Président du Conseil... »

Avouez, Monsieur l'Anonyme, que vous êtes un homme habile et que vous avez su acculer le Président du Conseil à une position peu commode. S'il a communiqué et vendu les plans, comme vous l'en accusiez si triomphalement à l'Assemblée dernière, il a lésé les Actionnaires de Lyon ; s'il ne les a pas communiqués et vendus, comme vous êtes obligé de le reconnaître aujourd'hui, il a lésé les Actionnaires d'Alger, et l'on sait que votre charité couvre d'une égale sollicitude les malheureux Actionnaires de Lyon, les pauvres Actionnaires d'Alger et jusqu'aux Actionnaires des rives de la Seine.

Vous n'écrivez pas, comme le ferait un simple honnête homme : « Retenant la *déclaration* du Président du Conseil... » vous écrivez : « Retenant *l'aveu*... » et le bon Actionnaire de dire : « Il y a aveu du coupable. » Q. E. D.

Nous livrons de pareils procédés au jugement de l'opinion publique.

Mais revenons sur la justification de cet apport.

Quel était l'intérêt de la Compagnie Lyonnaise d'Exploration et d'Étude ? C'était d'apporter à la justification de ces apports tous les arguments en sa possession.

Or elle n'en apporte que deux : promesses de ventes et études faites en Algérie. Nulle part il n'est question d'expériences acquise, de tâtonnements coûteux qui ont abouti à l'établissement du prix de revient. C'est qu'en effet M. Gignoux ne pouvait rien apporter à ce

sujet, l'usine de Villeurbanne n'ayant jamais fonctionné normalement et les prix de revient ayant été donnés par la maison La Vergne dès le mois de décembre 1897, avant la constitution même de la Compagnie Lyonnaise de Glace Hygiénique.

Il est vrai qu'*après* la création de la Société algérienne et non *avant*, notre Directeur d'Alger a prêté gratuitement son travail à l'usine de Villeurbanne. Les Actionnaires de la Compagnie lyonnaise de Glace Hygiénique et cette Société elle-même, possesseurs de plus de plus de la moitié des actions de la Compagnie algérienne, n'ont eu que des avantages à ce que leur Directeur se formât à Lyon même à un métier absolument nouveau pour lui. Sa présence à l'usine et l'expérience qu'il aurait pu y acquérir n'ont pu justifier les apports, puisqu'elle s'est produite plusieurs mois après que les apports ont été acceptés et payés par les Actionnaires de la Compagnie Algérienne de Glace Hygiénique.

À quel titre donc les Actionnaires de la Compagnie Lyonnaise de Glace auraient-ils droit à des apports qu'une maison de banque qui leur est étrangère a obtenus en représentation d'études faites en Algérie, de concours obtenus en Algérie et de promesse de vente de terrains obtenues en Algérie?

C'est que la création de l'usine de Lyon aurait donné l'idée de créations similaires. — En quoi cette idée était-elle une propriété? Est-ce que tout banquier n'aurait pas eu le droit d'en créer à Alger ou ailleurs? *Si la Compagnie Lyonnaise d'Exploration et d'Études a pu créer la Compagnie Algérienne de Glace Hygiénique, elle le doit à l'esprit de décision de son Conseil d'administration et à l'importance de sa clientèle.*

Une simple remarque pour finir. Rien dans la constitution de la Glace d'Alger n'a été fait d'une manière mystérieuse. L'Assemblée qui a approuvé les apports a eu lieu le 8 août. Un des Administrateurs (démissionnaire depuis) de la Compagnie Lyonnaise de Glace Hygiénique y assistait. Comment ne s'est-il pas élevé une seule protestation?

Et comment a-t-on fait, seulement à la veille de l'Assemblée du 26 décembre, la découverte stupéfiante que les Actionnaires de la Glace de Lyon avait été lésés? N'est-ce pas la preuve qu'on sait bien le contraire mais qu'on a simplement cherché une arme contre le Conseil, arme dont on n'a plus souci de peser la qualité?

SOCiÉTÉ DE LA GLACE DE PARIS

M. Joseph Gignoux, associé d'agent de change, a constitué en novembre 1898 la Société Parisienne de Glace Hygiénique au capital de 3.250.000 francs. Il s'est fait attribuer par les statuts un apport de 250.000 francs qu'il a rétrocédé, suivant son droit, sans la moindre commission personnelle, comme suit :

150.000 francs à la Compagnie Lyonnaise d'Exploration et d'Etudes, qui lui avait garanti le capital ;

100.000 francs au groupe parisien qui lui avait garanti la clientèle.

Comment ces apports étaient-ils motivés ?

Voici à ce sujet, les termes du rapport :

« Votre fondateur ayant consacré plusieurs mois à d'actives négociations qui ont eu de très heureux résultats et lui ont permis de grouper autour de votre Société des concours qui paraissent lui assurer le plus grand avenir.

« Il résulte des documents qui m'ont été communiqués que votre Société pourra, dès les premiers jours de son fonctionnement, compter sur une clientèle importante, et je puis ajouter que la qualité de cette clientèle entrainera de nouvelles et plus nombreuse adhésion. (Pièce annexe n° 9.)

« Je considère également comme très avantageuse la promesse de vente que votre fondateur a obtenue et qu'il apporte à votre Société. »

Là encore, vous ne trouverez rien qui vienne de l'expérience acquise à Villeurbanne.

Il est parfaitement exact que plusieurs cafetiers et hôteliers nous ont demandé des échantillons de glace artificielle pour la comparer à la glace naturelle, que la Compagnie lyonnaise les a expédiés, qu'elle les a chaque fois facturés et facturés très cher.

ATTAQUES

V

Il demeure établi que M. Gignoux ne s'est pas contenté de puiser au sein de notre Société, dans un intérêt qui n'est pas le nôtre, les éléments d'un apport rémunéré 350.000 francs ;

Il nous a causé, en outre, le plus grave préjudice en créant à Paris une société concurrente qui paralyse désormais nos moyens de lutte contre la Compagnie de Sylans et doit obliger fatalement cette dernière à chercher de nouveaux débouchés dans notre région, située à proximitée des lacs qui constituent ses magasins de glace.

M. Gignoux a attenté à l'existence même de notre Société en divulgant les documents les plus précieux et les plus secrets que puisse posséder un industriel. Lui, notre dépositaire, dans l'intérêt de ses émissions, il a révélé à nos clients, à nos concurrents, à nos ennemis, les prix de revient détaillés de nos articles, qu'il affecte volontiers de confondre, pour se disculper, avec les prix de fabrication. Nous en possédons la preuve absolue et nous mettons M. Gignoux au défi de se justifier.

RÉPONSES

V

M. Gignoux n'a jamais révélé d'autres prix de revient que ceux fournis par la maison La Vergne, la maison Otto (Fixary), propriétaire des brevets Fixary, Wolff, Cail, Lindes et toutes les maisons qui fabriquent des machines à glace.

Il eût été fort en peine de livrer des prix de revient recueillis et expérimentés à l'usine de Villeurbanne, qui n'a jamais eu qu'un fonctionnement irrégulier et anormal. Quand on produit 20 tonnes — ce que nous avons fait tout l'été — avec des machines de 120 tonnes, cette production ne peut servir de base à l'établissement d'un prix de revient.

Quant aux prétendus secrets de fabrication dont on nous parle avec une évidente mauvaise foi, M. Gignoux les ignore et ils n'existent pas dans cette industrie. Ce sont les machines seules qui produisent la glace, machines dont tout le monde peut voir le fonctionnement ; ce sont des manœuvres ouvriers pris à la journée qui la retirent des moules, et le travail de l'homme n'existe pour ainsi dire pas.

La fabrication est si peu secrète que le Conseil d'administration tout entier – y compris les deux Administrateurs démissionnaires — a, dans une cérémonie d'inauguration, invité les hautes personnalités intellectuelles de notre ville à se rendre compte elles-mêmes de tout le fonctionnement de l'usine.

C'est également à l'occasion de cette fête que notre usine a été photographiée et des exemplaires remis à M. Goiffon, non au Président du Conseil, absent à cette époque.

Elle fut et est encore si peu secrète qu'une circulaire du Conseil d'administration, parue en juillet (pièce annexe n° 10), invitait tous les clients à visiter l'usine pour *se rendre compte* de la fabrication et des garanties qu'elle offre.

Vous me mettez au défi de me justifier, M. l'Anonyme, et pourtant je l'ai fait. — A mon tour, je vous mets au défi de trouver dans Lyon un seul honnête homme qui ose appuyer de sa signature le factum que vous avez dicté.

Vous dites que j'ai livré à nos concurrents les prix de revient détaillés de nos articles; or, vous savez très bien, vous, l'intime ami du principal Fondateur, que ces prix de revient, fabrication, camionnage, frais généraux, ont été, en janvier 1898, avant la constitution de la Compagnie Lyonnaise de Glace Hygiénique, communiqués au public dans une circulaire publiée à centaines d'exemplaires.

Vous dites que j'ai révélé les secrets d'une fabrication qui ne peut être réussie qu'au prix d'une longue expérience; or, vous savez très bien qu'il n'y a pas de secret de fabrication dans les machines « De La Vergne ». Du reste, vous le reconnaissez vous-même, puisque vous affirmez à la fois la beauté de nos produits et ce que vous appelez la lamentable insuffisance de notre Directeur.

Et maintenant une dernière question se pose :

La création à Paris d'une usine qui va vendre en concurrence avec la Compagnie de Sylans fera-t-elle du tort ou du bien à la Compagnie lyonnaise?

Le tort, de bonne foi, où serait-il ?

Le bien, le voici : Quand la Compagnie de Sylans était seule maîtresse du marché fructueux de Paris, elle pouvait, pour tuer une concurrence, sacrifier une ou deux villes de province. Elle l'a fait plusieurs fois. Maintenant qu'elle est attaquée sur son propre terrain, elle a assez de s'y défendre et le sacrifice de centaines de mille francs pour détruire une concurrence cesse d'être possible. — En outre, la réclame qui sera faite à Paris en faveur de la glace artificielle profitera à notre propre Compagnie — et la clientèle acquise à Paris enlèvera à Lyon les dernières hésitations.

Il demeure donc définitivement acquis :

1° Que la fondation de la Société algérienne et celle de la Société parisienne, faites par des banquiers dans le plein exercice de leurs droits, sont absolument indépendantes de la Compagnie Lyonnaise de Glace Hygiénique ;

2° Que, dès le mois de janvier 1898, c'est-à-dire avant la création de ces deux Sociétés, les prix de revient avaient été portés à la connaissance du public par une circulaire répandue à centaines d'exemplaires ;

3° Que toutes les Maisons fabriquant des machines à glace tiennent ces prix de revient à la disposition de toute demande ;

4° Qu'il était loisible à tout banquier de créer des Sociétés analogues, s'il avait pour cela la volonté, le capital et la clientèle;

5° Que les apports, donnés *en pleine connaissance de cause* aux fondateurs par les Actionnaires des deux Sociétés algérienne et parisienne l'ont été pour rémunérer des études faites à Alger et à Paris, des promesses de vente et une clientèle obtenues à Alger et à Paris, et non des secrets de fabrication qui n'existent pas;

6° Que les Actionnaires de la Compagnie Lyonnaise de Glace Hygiénique n'y ont aucun droit, pas plus que les Actionnaires des Tramways de Dijon, par exemple, n'auraient à demander des apports sur la fondation du Tramway d'Angers :

7° Que la création de la Société parisienne ne peut qu'être utile à la Compagnie lyonnaise.

Que reste-t-il donc, Messieurs, des accusations portées contre votre Conseil ? Rien, rien, rien.

AT|TAQUES

VI

Nous venons donc vous demander d'unir vos efforts aux nôtres pour défendre nos intérêts communs.

Il importe d'opérer dans notre Société des modifications radicales tendant à réformer la direction, diminuer nos frais généraux et ramener la confiance totalement ébranlée de nos clients.

Au concours trop onéreux de certains financiers dont nous aurons à examiner la gestion, nous nous proposons de substituer le concours d'industriels désintéressés dont l'expérience est au dessus de toute discussion. Si vous nous suivez dans cette voie, il est hors de doute que notre Société, malgré les épreuves qu'elle a subies, sera appelée au plus brillant avenir.

LE COMITÉ.

RÉPONSES

VI

Et voici son œuvre :

A la fin d'un premier exercice de 7 mois, il vous laisse un capital intact, un bénéfice de 50.000 francs, représentant 6 0/0 d'intérêt sur le capital versé, un apport qui entraînerait des annuités dangereuses définitivement réglé avec un rabais considérable, et une clientèle acquise au milieu de dissensions intestines qui devaient l'éloigner.

Ce résultat lui suffit.

Et, si la grande majorité des Actionnaires cessait de le soutenir, il serait heureux, après une tâche bien et gratuitement remplie, de remettre en d'autres mains le mandat qui lui a été confié.

Le Président du Conseil d'administration :

C. GIGNOUX.

Les Membres du Conseil d'administration :

Dr REBATEL, O. ☆.

JEAN SONNERY, ingénieur des Arts et Manufactures.

COLOMBET, propriét. à Villeurbanne.

GABET, agent de change honoraire.